미륵산

김이숙 시집

들꽃시선 101

미륵산

김이숙 시집

자서

이번에 출간하게 된 시집 『미륵산』은 내가 문단에 등단하고 내는 처녀 시집이다. 가끔은 분주한 일상에서 벗어나 편안한 마음으로 한 박자 쉬어 간다는 마음으로 시를 써왔다. 그리고, 그동안 써왔던 작품을 쓰인 순서대로 편집했다.

전체 4부로 분류해서 모은 작품 85편을 우선 선보이고 싶었다. 내 글의 내용이 어떤 형틀에 매달린 것은 아니지만 대개의 경우 내 삶의 주변 일들과 관련한 일련의 서정적 내용을 담아 놓고 있다.,

제1부에 [겨울산행], 제2부 [박꽃], 제3부에 [목련], 제4부 [만경강 유감]으로 꾸민 편집의 틀을 보더라도 내 주변의 삶에 대한 이야기가 담겨 있다고 볼 수 있다.

꾸미면서 사실은 발가벗은 느낌이 들어 많이 부끄러웠다. 미흡한 점이 많다. 그러나 미흡함을 보완하고 가꾸기 위한 준비로 이 시집을 선보인다고 생각하며 용기를 내었다.

끝으로 이 시집을 내기까지 지도를 아끼지 않으셨던 채규판 교수님께 감사하고, 출판을 맡아주신 대표님과 편집부 여러분께도 고마운 마음을 나누고 싶다.

2008 가을에

敍景 김 이 숙

차례

묶음 하나 : 겨울 산행

묶음 둘 : 박꽃

미륵산

묶음 셋 : 목련

묶음 넷 : 만경강 유감

미륵산

묶음 하나

겨울 산행

목련

담장 안 하얀 목련
선 고운 매무새다

수줍게 웃고
금방이라도 터질듯한
향기 편편 날리면

순박하고 선한
눈빛이다

터질듯한 설레임
가지런이 담아
송이 송이
사랑으로 피우고

봄바람도 취해
살풀이 춤을 추듯
나긋나긋
몸짓이다

가로수

오렌지빛 노을이
동그마니 앉아 있다

푸름도
시샘하여
한잎 두잎 떨어지고

조용히 타오르다
닿을 듯 타오른다

엊그제
꽃잎 돋은 자리
꿈 같이 아득하고

정갈한
옷매무새 사이로
바람 한 점
스민다.

가을 들녘

구절초 길섶을 쓸고
산등성 쓰다듬네

산꽃 지핀 산향
바람도 기웃거리면

우수수 낙엽지는 소리
만추의 가락 젖네

가을 벤취

가을에는 나뭇잎이
사람보다 먼저 벤취에 앉아
사색을 한다.

기억 저편에 있던
그리움이 다가와
서글픈 날을 불러 세우고는
울리기도 한다.

가을바람 젖은 낙엽은
햇살 쓸어안고
취한 듯 찬란한 원무로
눈부시게 열린다

한철 사루는 것이
삶인가
절규인가
깨이면 무정한 속박
그것이 삶이던가

나뭇잎이 벤취앉아
사색을 한다

감자꽃

누가 널
꽃이라 불러 주랴
보랏빛 꽃망울
이슬에 젖어 있다.

너의 향기
너의 자태
알아주는 이 없는
이 외로움
무심한 바람은 아는지 모르는지

잊혀진 날
그리워서 부르다 보니
하얀 보라 감자 꽃향기
이미, 밭두렁에 가득하다.

거울

맨 몸으로
거울 앞에 섰다
부끄러움에
몸을 감추었다.

되비친 것이
사랑이면
사랑으로
열매를 맺고,

서운함이면
또한
서운함이
거울 속에 머무는 것

나는 무엇으로
거울 앞에
풍경을 피울 것인가

겨울 뜰

맑디맑은 빛살 위에
고운 꽃빛 달면
벌거벗은 나뭇가지
시린 바람은
흔적을 쓸고 간다

마지막 잎사귀 하나
욕심없이 내어준
노을진 들녘에
찬비마저 내리고

아픈 세월의 잔등을 쓰다듬다
한기를 견디며
삶의 골짜기
철새처럼 머물고

까마득이 먼 산등성으로
차마 닿을 수 없는
달빛시린

헛된 꿈도 가고
내 삶의 이랑에 고인
욕망도 쓸고 간다

겨울 산행

첫눈 내리는 날
산길에 올라가면
청솔가지에 설화가 앉아 놀았다

살얼음 지핀 물가에
그리움 띄워 보면
가슴엔 듯 사랑은
은사시 꽃으로 피었다.

산 언덕배기
햇살 한 줌
유령처럼 서성이고
찬바람에 나부끼는 눈보라
방랑자의 설움이 운다.

바람소리
산을 돌아 메아리져 오기도 전
눈길 따라 마음은
먼저 산을 오른다

그리운 날

부르고 싶은
이름을 앞세워
달빛이라도 거느리고 싶습니다

개울물 소리 처량하게
사랑을 부르면
달빛 따라
그리움이 젖어 흐르는 까닭을
묻고 싶습니다

적막은
당신과 나의 이름으로 설레다가
고단한 몸짓을 하고
풍경소리를 낸다는데

밤이어서 스치는 것
당신 사랑을 부르면
끝내 못다한 이야기
풀피리 타고 하늘 돌아

뜰을 지필 때
달빛이라도 거느리며
당신 이름을 부르고 싶습니다.

금산사

조약돌
쓸어 감고
다소곳 젖은 시름
해탈교 건너며
바람과 같이 보낸다

물은 여전히
산을 돌아 흐르고
이끼낀 석탑에 희미한 글씨
세월 흔적을
고스란이 안고있다.

마른 나뭇가지를 스치는
스님 염불소리
물소리 따라 돋고
적막한 산사 뜰을
깨운다

무심히 흐르는 것이

세월이런가
무정이런가
미륵불 청룡대좌 앞에 서서
억겁을 참회하니
투명한 가을햇살이
마음 가득 채운다.

나의 남자에게

그대여
수 많은 날들을
사랑으로 채워도
그리움 더욱 커지고

어제도 오늘도 그랬듯이
빈 하늘 가득히
사랑의 낱말만 고르고 있었네

빛 그림자는 뜰을 쓸고
나의 몸과 마음을 쓸어
사랑 오는 길 닦고

그대여
끝없이 부르고 싶은
나의 사랑이여
체온에 취해
깨어나지 않아도 좋을
나의 남자여

낙산사

내사 쉬었다
가라한다.

저만큼
바람 한 두름
나뭇잎 흔들고 가라 한다

불에 타다 남은
노송은
주승의 염불
엿듣고

천년 세월
불태운 낙산사
빈터 잿더미
허공 빛은 무심 놓고

죄와 벌 한 자리에
염불소리 띄우고

내사 쉬었다
가라한다.

내장산 가는 길

바람이 꽃잎을 뿌리고는
부채춤을 춘다

산길 따라 산사에 들면
처마 끝에 풍경소리
고단한 마음 쉬어가라 한다

산이 있어
메아리는 홰를 치면
계절을 윤회한다는
단풍은 멀미를 한다

산은 말없이
마음을 열어
세상 보라하고

산 덮은 구름
바위에 감겨
때로는 물보라 치며 논다.

눈雪

겨울나무 빈 가지마다
목화송이 같다

천상의 소리처럼 맑은
어린 시절을 불러 온다

장독대에
소복소복 쌓인 뽀얀 눈
어머니
무명 누비저고리 속
젖무덤처럼 곱다

한순간 꿈같은 삶
빈 가지마다
탐스런 눈꽃으로 핀다

눈물

세상일
여밀 힘이 없다고
적막은 빈 뜰에서
눈물을 흘립니다

꽃잎이 바람을 타고
우수수 지고 있는 동안에
오랜 꿈이 갔고
말로 다하지 못한
서러움이 비명처럼 웁니다

머물러 쉬고 싶었던 자리
그 자리마저 잃어서 웁니다
달빛은 시름을 유산으로 삼아
타버린 마음 주워 올리고
차거운 빛은
눈물로 타오르고 있습니다

끝내 돌아올 수 없는 것이

세월인가
아픔에 젖은 물소리
바위에 흉터를 남긴 채
까맣게 타버린 것
그것이 눈물을 안은 세월입니다

능소화

밤별
휘감은 자리
저 홀로
담장 넘고

무심한 바람은
가끔씩 속삭인다

그리움
담장 너머
끝내 신음 앓듯 떨고

못다한
님의 정
기다리는가
부르는가

당신은 나의 촛불입니다.

눈을 감았습니다.
캄캄한 어둠입니다.
아무 것도 보이지 않아
한 걸음도 옮길 수가 없습니다.

언제 부터인가
그 어둠에 촛불이 밝혀졌습니다.
주위가 보이기 시작 합니다.
그 촛불이 너무 소중했습니다.

촛불이 밝혀주는 대로
비로소 한 발 두 발
앞을 향해 조심스레
걸음마를 시작했습니다.

빛을 잃어버린 삶에
나의 영원한 촛불이기를 바랍니다
당신이 떠나면
나는 또 다시 어둠입니다.

당신은 나의 빛,
영원한 촛불 되어 있습니다.

대둔산 가는 길

가을 산정엔
구절초 향기 돋고
마을 어귀 감 꾸러미 위에
맑은 햇살이 앉았다

산허리를 감고 가던 바람이
나뭇잎을 바위 위에 앉힌다
산은 말이 없되
눈여겨 놓고 보면
풍경으로 말을 한다

좁다란 오솔길 옆
억새꽃은 저 홀로 놀며
하늘을 향해
살랑살랑 눈웃음 보낸다

고운 하늘 끝자락
노을은 붉게 물든 나뭇잎처럼
물 따라서 산길을 간다

만경강

바람아 불어라
꿈의 자리로부터 불어오라
소녀 적 꿈을 찾아
중년이 넘은 지금
만경강 어귀로 돌아 왔는데

같이 놀던 옛 친구
보이지 않고
물안개 시름에 겨워
강둑길을 서성대고 있네

풀무치 하늘높이
풀피리 불고
희미해져 가는
어릴 적 절절한 이야기
함께 불러 데리고 노네

은빛 억새꽃잎 허리 굽혀
만경강 뚝만 쓸어대고

바람아 불어라
꿈의 자리에서 불어오라

메밀꽃

한 세월 보낸 자리
그리움이 꽃으로 피었다.

가을 하늘
뽀얀 구름이 내려앉은 듯
메밀꽃
뜰을 가꾼다.

모진 가뭄에도
쓰러질 듯 일어서서
젖은 시름 달래며
살다 가신
어머니,

나비 춤사위 같은
하얀 메밀 꽃 위로
맑은 햇살이
소리 없이 와서
소리 없이 웃고 있다.

묶음둘

박꽃

무밥

하얀 무를 도톰하게 썰어
무밥을 했다
달콤하고 고소한 무밥이
아버지가 사주신
사탕처럼
부드럽게 입안에서 녹는다

가난했던 긴 겨울 나기위해
시린 마음 채우며
단맛도 모른 채
지긋지긋하게 드셨던
무밥,

아버지 젊은 날을 불러
오늘은
밥상에 올려 드려야지

무심한 정

달빛 쓰다듬는
저 달맞이 꽃
빛 너울져
밤피리 타고
세월가는 길목의
골짜기를 쓰는데

까맣게 태운 가슴
허공걸어
그대 이름으로
젖은 세월을 그리는데

그리움 무늬져 흐르고
끝내 부르지 못한
이름은
빈 하늘
뜬 구름 따라 가게 한다.

무정행로

시든 지 오랜 자리
적막한 밤이거니

창가에
흐르는 달빛
괜스레
마음 서럽고

머물던 마음 하나
낙엽따라 뒹굴고
가을바람에 젖는다.

풍속에 묻혀
끝내 유배된 삶,
그림자 하나 안고
세월이 가는 길 따라,
길따라
내가 간다.

무한사랑

고즈넉한 황혼녘
노을빛도 추웠던지
잰 걸음으로
아파트 지붕을 넘어간다

이름 모를 새 두 마리
교회 십자가를 돌며
사랑 나눔을 하고 있다

한 마리가 장미빛 하늘을 빙빙 돌며
애교스러운 몸짓을 하면
또 한 마리는
날개 짓하며
장단을 맞추고 있다

지금 보다 황홀한
여유로움이 몇 날이나 있었을까
기타 반주에
남편의 노랫가락은

도타운 정 불러 놓고

내 생애 사랑이란 이름으로 남을
단 한 사람
쉰 한해의 내 삶에
장단을 맞추고 있다

미륵산

세월간 자리에
무심만 남아
뼈마디 들어낸 노송
텅빈 가슴 열면서
철새의 보금자리로
내어주더라

천년 비바람에
곱게 닳은 바위
풀꽃
무성한 자리
옛정도 다스려 놓더라

물길가는 길에
돌맹이 하나씩 굴러
터전을 잡고

풍차처럼 돌아가는
사랑도

꽃으로 돋아
풀잎에 매달게 하더라.

민들레

밭이랑 끝자락
양지바른 빈터 잡아
한줌 봄 햇살과
사랑 나눔 하네

한 여름 뜨겁게
온 몸 불태워
사랑이 여물고

홀씨가 된 영혼은
새 삶을 찾아
바람에 제 몸 맡기고
가을 따라 나서네

민들레야
민들레야
곱디고운 사랑 다 내어주고
찬 서리 스친 자리
외로움의 꽃술 떨고 있네

박꽃

고향집 사랑채
초가지붕 위에
청빈의 세월 감고
다소곳 피었더라.

꽃잎 돋은 자리
세월 가듯이
세상 관습
엮어 내더라

무심한 달빛에도
뽀얀 꽃잎,
수줍은 듯 웃음 짓더니
달덩이 같은 하얀 박
사랑으로 자라더라

밥풀꽃

꽃 보라 꽃잎 피워
잎도 피워
주걱에 더덕더덕 붙은
밥알 같은
밥풀대기 한 그루

보릿고개 넘던 어머니
보랏빛 낡은 치맛자락에
눈물 마를 날 없이
들로 밭으로
그 여름 견디었네

고단한 세월 견디며
엉겨 붙은 한
가슴 깊은 곳에
풀어놓지 못한
영겁의 삶,
씨앗 꼬투리로 안았네

벌초

친정어머니 뵈러
산에 왔다

손끝 분주하게
솔잎 따다
송편 만들어 놓고
대문 밖에 서성이며
자식 기다리던
어머니

문틈으로 스며드는
시린 바람 막아주시던
어머니

파란 잔디 비단이불 덮고
편안하게 잠들어 계신
어머니의 산에
불효자식 이제서야 왔다.

법수치 계곡

타는 황혼녘
맑은 물인데
속살을 훤히 들어내 놓고
숲길을 굽어 돌아
달음질 친다
붉은 노을빛
뒤 따른다.

태고의 이야기
잠언처럼 젖고
나뭇잎 끝에 매달린 시름
주절주절 바람불러 달랜다.

삶의 흔적
몇 조각 남기겠는가
뒷서거니 앞서거니
끝내
어디로 가는가

봉선화

골목길 담벼락에
수줍게 기대어 있다

문밖 세상 그리움의
다홍 치맛자락

살포시 걷어 올리고
하얀 얼굴 붉혔네

시집살이 고달픈 밤
꽃잎에
시름 달래면

터질 듯
환한 미소가
뜨락 가득 메우네

부르고 싶은 사람

구름은
산중턱에 얹혀
사랑으로 아픈데
물망초 꽃으로 덧나
한 생을 두고 피었다

가슴에
꽃잎 하나 남겨 놓고
그림자처럼
등 뒤에서 떨고 있었다

사랑은,
함께 동행할 사람 부르며
피곤도 잊은 채
오는 길 마중 할 것인데

꿈꾸듯
잠꼬대로
그대 이름을 부르고 싶다

자리에도 없는 그대를
영혼으로 맞아 부르고 싶다.

사랑 연습

사랑을 말로써 가꾸지 마라
침묵으로 다스리라
참으로 오랜 기다림으로
또한 빛나는 것이니라

사랑으로 부르고 싶은 사람
그 사람 앞에서
사랑을 말하지 마라
사랑은 석양처럼
하늘가득 설레임으로
또한 빛나는 것이니라

사랑으로 불리워진 사람에게
사랑을 말하지 마라
무심히 손짓하는 외로운 춤사위
바람 가듯 마음도 따라 가버리는 것

사랑은 제 스스로 저물어 가는 동안
그리워 지면서

또한 빛나는 것이니라.

사랑의 서시

그렇게 사랑한
아름다운 시간이 있다.

서로에게
희망이 되어주는
질긴 사랑의 끈이 있다

한 곡조의 노래,
평생을 두고 부를 노래

사무친 마음
한줌의 사랑인가
그리움이 눈물되어
영롱히 맺혔는가

겹겹이 퍼져가는
물보라처럼
가슴가득
사랑으로 젖는다

산길에서

무심코 걷는 길에
태고적 전설이 있어

산길도 꽃으로 돌아
여태 고왔는가

뉘 있어 그리운 길을
같이 걷고 싶었다.

산문山門에 들며

풀잎과 같이 울안을 가꾼 억새풀
그리움 배인 흰 물결 일고
오솔길을 안내한다.

할머니 머리채보다 하얀 억새풀
바람따라 마음 설레고
흰 구름이 가듯 세월로 간다

산문山門에 들면
조약돌 구르는 자리
세월앞에서
풀잎도 다소곳 숨 죽여 오고,

고단한 삶이 시려운 자리,
그 자리에 나를 안내하면서
바람에 몸 맡긴 채 바르르 떨고 있다.

수련

어머니 손때 묻은 항아리
그 안에 수련이 있다.

고단한 삶을 묻고
청초한 빛 쓸어낸 그 안에
수려한 어머니의
자태가 있다.

물그림자 뜬 자리
물 배추 펴 놓고
가을 햇살이 와서
사랑으로 아픈데

창문사이로 넘나드는 바람,
어머니 분냄새 처럼
함초롱 향기 돈는다.

수련꽃

뜰 밖에 서성이면
물 위에 뜬
수련 꽃 돋고

저 넓은 잎사귀 위에
이슬방울 구르는데

풀잎도
푸른 하늘도
물속에서 놀더라

숭림사

산정에 바람 젖고
물소리
저 홀로 가고
벚꽃 피었던 자리
무심만 가득 하다.

세상인심 놓고
세심교 건너가다가
무심히
지는 잎
바람과 같이 간다.

절간 지붕 위
기왓장 한 개
덩그마니 앉아
천년 세월 흔적 말한다.

대웅전 뜨락에
가을이 가득한데

번뇌로
솟구친 풍경소리
산적적 고요한데

저만큼
마루에 앉아
스님은 가을을 본다.

아버지

회한의 세월이사
강물 따라 간다
거스르지 못하고
흘러 간다.

온몸으로 울던
물레방아
시름을 내려 놓은 채
세월만 무심히 보내고

가랑잎에 하얀 서리 내리면
깊은 골짜기 사이로
불어오는 바람,
그 바람 시름을 보듬어
소쩍새처럼
소쩍새처럼
못내 서러워 운다

묶음 셋

목련

안개꽃

쪽빛 햇살에도
수줍은
몸짓 하네

가슴가득
절절한 그리움

무심히 지나던 바람이
되돌아와
어루만지고 가면
괜스레 마음 설레어
살랑 살랑
웃음짓 하네

장마전선

창 밖
내리는 빗살
우레와 같이 있더라

저만큼
초가지붕 위 뽀얀 박
세수하러 얼굴 내밀다가
천둥소리에 놀라
잎 뒤에 얼른 숨더라

비바람
짖궂은 장난에
떠 밀리는 산더미
목숨과 맞물린
저 파괴의 능선

숨 한번 제대로
쉬지 못한 마지막 소리
회오리로 일더라

코스모스

가을 뜰
가을 길섶
무리지어 피어있는
코스모스

달빛 휘어 감고
강강술래,
여인의
꽃댕기 보다 곱다

지나던 바람 추임새에
흥에 겨운 몸짓,
분 향기 취한 듯
꽃잎에 입맞춤하면

첫사랑 그리움이
가슴 가득
터질듯
부풀어 오르고

오늘밤
은하수 내려와
머문 자리마다
코스모스
꽃빛타고 논다

탱자나무

탱자나무
울타리 엮은 자리
때로는 향기로
때로는 그리움으로

소꿉 동무 불러
파란 탱자 몇 알
땅에 굴려도 보면
공기놀이 하던
어린 시절은 오고 가고

저만큼
추억으로 와서 외로운가
노란 탱자 익어가는 시절도
여미어 보면
그 시절 뉘엿뉘엿 지고 있다.

호박 한 개

텃밭 끝자락에
잘 여문
호박 한 개

거실에 옮겨다 놓으니
텃밭이 따라 왔다

지긋지긋한
허기 채워주던
청빈의 세월,
소리없이 웃고

가난한 세월 견디었던
어머니 삶처럼
가뭄과 더위를 견딘
커다란 호박,
거실을 가득 채운다.

후레지아를 닮은 친구

노란 후레지아 꽃이
가늘게 떨고 있다
하얀 시트 위에 누워
창백한 모습으로
힘없이 바라보던 친구처럼
애처롭게 떨고 있다

아직은 할일이 많은 나이
암으로 투병하면서도
웃음 가득한 작은 눈으로
후레지아 닮은
고운 웃음을 보내주던 친구.

힘들게 해서 미안하다는
마지막 말을 남기고
작별 인사도 없이
한줌 재를 남기고
그렇게 혼자 먼 길을
서둘러 떠났다.

후레지아 꽃에 입맞춤하니
영정사진 앞에서
피어오르던 향불처럼
진한 향기에
어지럼증이 인다

친구가 무엇인지를
알게 해준
그녀가 그리울 때면
후레지아 향기를 맏는다

그리움

저녁노을에 기대어 있노라면
살포시 다가오는
얼굴 하나

차마 보고 싶다
말할 수 없어
수줍은 마음
하늘가득
붉게 물들고

다정한
마음이 먼저
마중을 나간다.

당신 사랑이고 싶으리

눈이 부시도록
빛나리

두둥실 떠가는
구름 위에
무지개 꽃을 피우리

절절한 그리움
풀꽃 편지에 담아
바람에 전하면

가슴 가득한 설레임
당신 사랑이고 싶으리

들국화

인적 드문
산비탈
양지바른 언덕에

열여덟 소녀처럼
수줍은 듯
피어난 들국화

술래잡기하던
빨간 고추잠자리
까르르
웃음소리
머물다 떠나면
누가 놀아 줄거나

그리움 놓고
긴긴 밤을
지새우려나

매창 공원

공원 언덕에
흐드러진 벚꽃
하얀 속적삼에
버선발로
매창이 환생한 양
반기네

거문고 노래 가락
들리는 듯하여
뒤 돌아보니
시비만 홀로
빈 뜰을 지키네

달빛 길다란 장막
곡주에 취한 장단
떠난 님 그리워
밤 깊어가는 줄
모르고
이슬에 젖네

한 사람

이 세상에서 누구보다
나를 가장 잘 아는
한 사람이 있습니다.

그 사람은
가장 가까이에서
맑은 아침을 열어주고
행복한 웃음을 채워주며
나의 건강을 염려해 주는
사람입니다
내가 만든 음식을
맛있게 먹어주고
곁에 있어주어 고맙다며
사랑한다고 말해주는
사람입니다

그 사람은
나의 행복한 모습을 보면서
나보다 더 행복해하는 사람이며

내가 아파하는 모습을 보며
나보다 더 아파하는 사람입니다
그의 사랑이 너무 깊고 넓어
그 끝을 알 수 없는
우주 같은 사람입니다

그 사람은
오랜 세월동안
사랑하는 사람과 동행하는 삶이
얼마나 아름다운지를
가르쳐준 사람입니다.
그리고 앞으로도 더 오랜 시간을
사랑을 가꾸며
사랑하고 또 사랑할 사람입니다

끝없이 기다려주고
끝없이 인내하며
끝없이 이해하면서
더 많이 사랑하는 법을 가르쳐줄
그 사람은
하늘이 준 선물이며
죽을 때까지
내가 사랑할 사람입니다

목련

떠나가고 있는데
잡을 수 없어
울고 있습니다.

사랑은
아직도 가슴 가득
흐르는데
바람 젖은 옷섶 휘감고
길 떠나는 꽃잎처럼
잡을 수 없어
울고 있습니다.

사랑은 믿음으로 아픈 것
운명을 거역할 수 없어
꽃피운 사랑 진자리에
시름만 묻어나고
상흔에 울고 있습니다.

하얀 목련 지던

봄날
울고 있습니다.

잃어버린 정

그 사랑 희미해져
없는 듯 보여도
때로는 잔잔하게
때로는 강하게
너울이고

때로는 무심해서
그 사랑 없는 듯 보여도
부르면 부를수록
그리워서 울고

바라보는
그대 눈 속에
뒤척이는 마음속에
아직도
잡으면 부스러질 듯한
사랑이 타고…….

이별

운명처럼
몸을 맡긴 채
비바람에
흔들리고 있다

몸서리치도록 보고파도
잡지 못하고
그냥 보내고 있다

기다림처럼
행복한 노예가 어디 있을까
줄기찬 인내가 또 어디 있겠는가

사랑은
한 곳에 머물지 못하고 떠도는
바람처럼
그리움을 가슴에 앉혀 놓고 있으면
그대 뜨락에
꽃이 핀다

오로지 사랑이란 이름으로

사랑은
가슴이 터질듯한
설레임으로 부터
옵니다.

사랑은
안개 속에 있는 것처럼
분명하지 않을 때
아름답습니다

사랑은
비교하지 않을 때
아름답습니다

오로지
사랑이란 이름으로
부를 수 있을 때
아름답습니다

오늘

당신은 나의 시작 입니다
아침 잠에서 깨어
제일 먼저 당신의 모습을
볼 수 있기 때문 입니다

당신은 나의 지주 입니다
일에 쫓기어
소홀할 때도
말없이 등을 토닥여주며
당신의 자리를
지켜주기 때문입니다

당신은 내가 존재하는
이유 입니다
당신이
좋아하는 저녁상을
준비하는 일상이
행복하기 때문 입니다

당신의 늦은 귀가에
투정을 부릴 수 있는
오늘이 행복입니다

사랑하는 당신의
품에 안기어
잠들 수 있기에
당신은 나의
마지막 안식처입니다

여명

어둠이
떠오르는 햇살을 타고
물위에서 논다

미풍은
뿌연 안개비를 몰며
길을 재촉하고

잠에서 깬 새들의
날개 짓 연주는
물빛을 가르며
물의 이랑을 만든다

아침은 빛 하나로서
또 하나의
청자빛 문명을
엮어 낸다

애가

애 잦은 사연이 있어
별 헤듯 저문 날
눈물이 젖고

길섶을 누빈
벌레 울음소리
고요해진 밤
서글픔만 가득하네

문풍지보다
서럽게 떨리는 것
밤빛으로 내리는 적요인데
끓어 안고 울고

나뭇잎은 바람 탓에
조금씩 떠밀리면서
조락의 세월 묻고

감감한 소식

안으로 삭히며
시름 묻어난 자리
밤별을 띄워 전하고

외로움과 애증은
물줄기
쓸어간 자리에
애틋한 정만 남겼네

서러운 날

시작도 하지 않았는데
막을 내려야 하나
아직 할 말이 많은데

무대의 불은 꺼지고
관객이 모두 떠난 자리
못 다한 이야기는
누구에게 들려줘야 하나

함께한 시간들
나누고 싶은 정
문설주에 기대어
빙하 돋은 아픔 달래고

괜히 서러운 날
눈물은 저 홀로 그리움 젖어
강물로 흐른다

아름다운 사랑

아름다운 사랑 하나
내게 있습니다
그 사랑은
나의 육신이며
나의 영혼입니다

그 사랑과 함께하지 않은
시간과 삶은
하얀 백지입니다

어느 한 순간도
그 사랑은
내 곁을 떠나지
않았습니다

다만
그 사랑이
바라는 것은
삶이 끝나는 날까지

유일한 사랑으로
남기를 원하는 것
뿐입니다.

묶음 넷

만경강 유감

단 하나뿐인 사랑

평생 다시 찾지 못 할
단 한번의 사랑
단 하나 뿐인 사랑
창녀처럼
사랑하고 싶다

그 어떤 이유도
그 어떤 의미도
그 어떤 논리로 설명이 안되는
단 하나뿐인
사랑이란 이름으로
사랑하고 싶다

세상의 그 무엇보다
더 크고
더 넓고
더 깊은
유일한 사랑

그 사랑 하나만을

미치도록

사랑하고 싶다

삶의 뒤란에서

흠뻑 취했다
사위는 마음에
바람처럼 방황했다

수많은 사람 중에
운명처럼 다가온 사람
아름다운 풍경 같은
사랑이었다

가까이 다가가면
사라지는 신기루처럼
사랑은
정으로 사무쳐
밤별보다 더 고왔다

숨이 멎어야
잊을 수 있는 사랑
지금도
가슴 가득한 온기는

산등성 봄꽃으로
지천에 피었다

사랑은

사랑은
함께하지 않아도
소통 합니다
작은 숨소리마저
곁에 있는 듯
느껴집니다

그리움으로 목말라 할 때
사랑은 갈증이 납니다
사랑이 자라면 자랄수록
이별의 두려움이 엄습합니다

사랑하고 있는 여인은
이 세상의
모든 어머니가 되고
아내가 됩니다

사랑은
순결하고 아름다우며

사랑은 따스하고
마르지 않는 샘물입니다

바람 소리에도

바람소리에도
느끼고 싶다
설레임을

다정한 목소리에도
느끼고 싶다
따스함을

사랑의 눈길에도
느끼고 싶다
그리움을

호탕한 웃음소리에도
느끼고 싶다
젊음을

아름다운 선율에도
느끼고 싶다
행복함을

그대의 모든 것을
느끼고 싶다
가슴 절절한 사랑과 함께

사랑 때문에

사랑 때문에
아무것도 할 수가 없는
바보가 되었습니다

당신의 목소리
당신의 몸짓
당신의 웃음이

어떤 모습을 할지라도
어떤 곳에 있을지라도
삶을 다하는 날까지
당신을 사랑합니다

사랑 때문에
아무것도 할 수가 없는
바보가 되어도
당신을 사랑합니다

내가 사랑하는 당신은

내가 사랑하는 당신은
작은 것을
소중하게 여기는
사람이기
때문 입니다

수줍은 진실을
볼 줄 아는
사람이기
때문 입니다

잘못에는
용서를 빌 줄 아는
사람이기
때문 입니다

작은 감동에
눈물 흘릴 줄 아는
사람이기

때문 입니다

마음이 따뜻하여
아픔을 같이 나눌 줄 아는
사람이기
때문입니다.

강하지만
정의에 순응할 줄 아는
사람이기
때문입니다

내 삶에서 당신은

당신은
내 삶의 희망이며
의미이기 때문에
당신은 나입니다

당신의 사랑을 통해서
세상과 소통할 수 있고
나를 사랑할 수 있으며
삶을 사랑합니다.

많은 시간들을
온기를 느끼며
가슴을 나누며
사랑하고
당신으로부터 오는
행복에 익숙해져 있고
삶은 윤택하고 평화롭습니다

사랑은 함께 공유할 때

서로에게 귀한 존재가 됩니다

당신은
내 삶의 희망이며
어둠이 있어 빛을 발하는
촛불입니다

나는

나는
화려한 꽃보다
어느 꽃에나 잘 어울리는
안개꽃을 좋아 합니다

호사스런 화분에
담겨진 화초보다
산과 들에서 자란
들풀을
좋아 합니다

보석으로
치장하는 것보다
마음을 치장하는 것을
좋아 합니다

주룩 주룩 내리는 빗물 보다
풀잎에 앉아
영롱하게 빛을 내는

이슬을 좋아 합니다

겉치장이 요란한 사람보다
마음이 정갈한
사람을 좋아 합니다

물질로 오는 풍요보다는
마음으로 오는
여유로움을 좋아 합니다

그 어떤 것이라도

어떤 것이라도
태워버릴 것 같은
사랑을
만나고 싶습니다

두 눈이
먼다 해도
사랑의 빛으로
길을 밝혀 주는
그런 사랑을
만나고 싶습니다

허전한 날
어떤 것이라도
태워 버릴 것 같은
뜨거운 사랑을
만나고 싶습니다

그대 그리운 날엔

그대 그리운 날이면
밤을 꼬박 새우며
별을 헤인다

속울음 참아낸
사무친 그리움을
더러는 눈물로 담아낸다

맑은 빛 고운 숨결을
끌어 당긴 눈짓이
사랑이라는
의미를 가질 때

새들의 화려한 군무처럼
사랑은
회오리 바람을 일으키며
몰려온다

그리운 사람

보고 싶어서
한 걸음에 달려온
그리움의 자리

환시에 떠돌던
정이던가
사랑인가

금세 불러 놓았던
그리운
그 사람은 없다

마른 나뭇가지 닮은
휑한 가슴
실바람에도
슬픈 소리가 난다

나의
그리움은

그대 창가에
달빛으로 내린다

그리움 · 1

그리움은
사랑의 최초 숨결입니다
그리움은
사랑에 대한 맨 처음의 확인입니다

그리움에는
떨림이거나
설레임이거나
가슴벅참이거나
두려움이거나
안타까움이
아쉬움이 쉬이 쉬이 넘나들고

그리움은
사랑으로 피어나는
최초의 꽃입니다.

그리움 · 2

온 종일 발품을 팔아도
떠나간 사랑은
찾을 수 없고.

아름다운 선율
가슴으로 타던
연주는 비파음을 낸다

못다한 정
단조의
슬픈 곡조를 남기고

이름과
쓸쓸한 추억과
사랑의 찌꺼기가 남아서
그리움이
봄비 되어 내린다

파도처럼

강물이게 하라
쉬임없이 출렁이는
역경의 풍속을 끼고 떠나는
물 고동이게 하라

무수히 떠도는
가을 빛 찬이슬이 파도처럼,
파도처럼 출렁이는
강물이게 하라

그대 목소리에도 출렁이는
강물이게 하라
그리움의 다리 건너가
끝내 흐르는
내 사랑 파도이게 하라

개태사

개태사 입구에 드니
청아한 풍경소리가
스물한 살 때 인연을
불러내고 있다

그리움에
몸부림치며 울었듯
매미소리는
조용한 산사를 깨우고 있다

물 한 모금으로
목을 적시니
가슴이 탁 트이고

내 안에 머물던 이야기
염불소리 따라
인연 따라가고 있다

구절초

어머니
무명치마에 있던 너
산기슭에
지천으로 피어
향기 가득한데

안을 수 없어
외롭고
취할 수 없어
슬프다

꽃잎 사이를 오가는
고추잠자리
사랑을 노래하고

산허리를 감고
노을빛 따라
춤을 추는데

빈 산에
너 홀로 남겨두고
돌아서는 시린 마음 둘 곳 없어

가녀린 꽃잎마다
안개비로 젖는다

꽃물

모진 세월에도
꿋꿋하게 견디신
어머니 닮은
봉숭아
꽃 피었네

다 닳은 손톱 위에
봉숭아 꽃잎 찧어
업보처럼 얹고
무명실로 엮어진
삶의 매듭을 풀면

고단한 세월은
흔적을 지우고
고운 꽃물이 든다

선홍빛으로 곱게 물든
손톱을 보시며
꽃물이 잘 들면

저승길이 밝단다 하시면서
편안하게
먼 길 떠나셨고

이제는 어머니처럼
내 손톱에
꽃잎 찧어
봉숭아 꽃물 들인다

꿈자리

돌아가라
사랑의 자리를 찾아
어디로든 가라

은하수 골골마다 심고
울타리 엮이
사랑이 지핀 곳이면
어디든 가라

몽환적 사랑
들창너머
달빛에 젖어
흐르고

사랑자리 찾아
얼마나 많은 날 두고
부끄러움 마저 닦지 못한 채
손을 내밀었는가

돌아가라
그리움 걸어 놓고
꿈속에서라도
사랑의 자리를 찾아 가라

만경강 유감

물이 흐르는가
세월 가는가

흰 거품처럼
사랑도 밀려왔다 밀려가고
가슴은 가을바람 타고
갈대에 젖어 흐른다

강이 흐른다
세월 간다

돌 틈 사이로 흐르는 정
사랑으로 부르면
절망도
사랑으로 솟구쳐
화석처럼 돋는다

물이 간다
세월과 같이

사랑도
강따라 간다

물레야

물레야
빙글 빙글 돌아가라
세월 모는 바람 따라
돌아가라

꽃이 지면
그리움도 따라 지고
인연 찾아 돌아라
사랑찾아 돌아라
물레야

봄 향기에 취해
사랑 찾아 길 떠나는
나그네처럼
세월 모는 바람 따라
물레야
돌아라

사자암 가는 길

산이 돌아 간 까닭에
굽이 굽이
산타령에
흰 눈이 쌓이고

마른 잎
나른한 세월 불러
풍경으로 일깨우면서
산 돌아 가자
바람 앞 세우고
산비탈 건너서
세상 낚아 올리러 가자

산이 돌아 가는가
굽이굽이
산을
흰 눈이 키우고 있다

그대

밤 적적한 날
그리움은 달빛타고
창문을 넘어와
내 가슴에
사랑으로 안기었다

어둠속에서
어둠을 걷고 다가오는
다정한 목소리
고운 미소는
한줄기 빛으로
태어났다

흔들림이 있어야
모습이 보이는 바람처럼
그대가 있으므로서
내가 보인다

굳이 말을 하지 않아도

눈으로 소통 하고
그대 품이 있어서
미친 듯이
사랑으로 안기었다

사랑 · 2

함께 하여도
돌아서면 한 줌 그리움이
금세 달려오네

운명처럼 만난
귀한 인연
포로가 되어버린 날들
세월은 정을 부르고
사랑을 불러 세우네

마음속 물길은
그대를 향해 흘러가고
묻어 두었던 사랑은
휑한 가슴만 적신다

그리운 사람
가슴으로
부르다 부르다가
심산유곡 푸르른 나무처럼

세상 한 모퉁이에서
그대의 온기를 느끼네

예전엔

예전엔
내가 느끼는 만큼
그도 나를 느껴야 된다고
생각했다

내가 의미를 두는 만큼
그에게
내 의미가 부여 되어야 한다고
생각했다

부족하다고 생각할 때
채우려고 했고
소유하려 했다
그것이 온전한
사랑이라고 생각했다

이제는
그냥 바라봐 주는 것
기다려 주는 것이

사랑이라는 것을 알았다

하찮은 것에도
관심을 가져주는 것
내 생각과 다를 지라도
신뢰하고 존중해 주는 것이
사랑임을 알았다

가끔은

가끔은
현란한 불빛아래서
음악에 취해
금방이라도
심장이 멎을 것 같이
춤을 추고 싶다

봄바람이
교태를 부리며
나긋나긋 몸에 감기는 날에는
꽃비가 내리는 벚꽃 터널에서
가슴 가득
설레는 마음을 편편 날리고 싶다

가끔은
한적한 백사장을
좋은 사람과 둘이서
둘만의 발자국을 남기며
끝없이 걷고 싶다

들국화가 흐드러지게 핀
가파른 언덕길을
다정한 손을 잡고 오르며
파도처럼 출렁이는
행복감을 만끽하고 싶다

가끔은
말씨나 목소리, 걸음걸이
그리고 표정까지
이 모든 것을 위한
하루를 준비하고 싶다

| 작품해설 |

사랑, 사랑의 표정

- 김이숙의 시

채 수 영 | 시인, 문학비평가

| 작품해설 |

사랑, 사랑의 표정

- 김이숙의 시

채 수 영 | 시인, 문학비평가

1. 시의 나라 방문기

시의 나라는 시인이 창조하는 나라--그 나라는 감동을 잉태하는 공간이고 누구나 문을 열어 놓고 기다리는가 하면, 손님이 많이 방문하면 할수록 빛나는 문패를 달고 살아가는 공간 --시인의 꿈은 그런 한 편의 시를 위해 심혈을 경주한다. 그러나 이 작은 소망은 항상 가혹한 시련을 겪어야 하고 대가代價를 지불해야만 얻을 수 있는 영예의 공간이다. 그러나 이 공간의 주인이기를 바란다면 몇 개의 조건을 합치시켜야 한다. 첫째는 공감의 영역이 넓을수록 호감을 갖는다. 공감이란 보편적인 공통

점을 공유하는 것이 중요할 것이다. 둘째는 시의 완성도가 비단 대중을 위한 것만이 아니라 시적 완성도 즉 시적 조건에 합치하는 요소들이 많이 들어 있어야 할 것이다. 또한 페단틱한 언어의 선전이 아니라 평범하면서도 누구에게나 공통의 이해를 넓히는 작품을 쓴다는 것은 쉬운 일이 아니다. 물론 의미의 내포 --결국 의미가 마지막에 감동을 줄 수 있기 때문에 의미 없는 시는 공허함을 부추길 수 있음도 명심할 일이다.

무수한 인구가 있듯 시 또한 많은 표정들로 세상을 부유浮遊한다. 그러나 개성을 갖춘 표정을 만나기란 매우 희소하다. 왜냐하면 개성은 시인자신만의 표정이 아니라 시인이 만든 유일한 자기의 분신일 수 있기 때문에 누구의 작품이라는 명찰을 패용함과 동시에 무한의 책무를 떠날 수가 없기 때문이다. 결국 한 편의 시는 시인의 운명과 동일한 여건으로 살아가는 이름일 수 있음을 의미한다.

김이숙의 시에는 몇 가지의 표정이 있다. 식물정서가 많은 비중을 차지하고, 사랑--아마도 남편을 향하는 노래가 가장 많은 빈도로 등장한다. 또한 승가람마僧伽藍摩가 시에 등장하는 것을 보면 환경적인 특징이거나 정신의 지향과 맞물릴 수도 있는 유추가 가능해진다. 시는 낯설게 표현하는 점에서 의도적인 표현이 있을 수 있지만 시의 표현은 결국 정신적인 흔적을 예외로 하는 것이 아니다. 더불어 관념적인 표현이 다소 있지만 시인의 의식을 점령하는 세 가지의 축이 시집을 채우는 말들의 향연이다. 이런 정서는 아무래도 전원정서가 지배적인 현상을 유지하면서 다감한 성격 혹은 그런 성품에서 나오는 사랑 또는 정신적인 흐름이 도시의 복잡한 정서를 외면하고 살고 싶은 사고의 특성을 갖고 있다는 추론이 가능해진다. 이제 그런 흔적들을 만나는 길로 들어간다.

2. 표정의 이름 들

1) 식물정서

시인의 개성에 따라 일정한 취향을 갖기 마련이다. 다시 말해서 시인의 정서가 어디로 관심을 집중하는가의 여부에 따라 문자로 표현하는 길은 그런 쪽으로 언어를 집중시킨다. 다시 말해서 심리적인 현상이 지배하는 길에 따라 예술의 형성은 탄생의 길을 마련하는 것이다.

대체로 식물적 정서를 좋아하는 사람의 특성은 다이내믹함보다는 정적靜的이고 사색적인 특성을 가질 수가 있다. 바다를 좋아하기보다는 강을 좋아하고, 높은 산보다는 얕은 산의 정취에 마음이 더 쏠리는 일은 김이숙의 시제작의 정신 문법으로 보인다.

텃밭 끝자락에
잘 여문
호박 한 개

거실에 옮겨다 놓으니
텃밭이 따라왔다

지긋지긋한
허기 채워주던
청빈의 세월,
소리없이 웃고

가난한 세월 견디었던
어머니 삶처럼
가뭄과 더위를 견딘
커다란 호박,
거실을 가득 채운다.

-「호박 한 개」

값으로 치면 일상의 반찬에 속한 호박에서 줄줄이 풀려지는 이야기는 과거의 길을 넓게 채색한다. 가난의 허기를 채워 주던 '호박 한 개' 에서 서글픈 지난날들이 파노라마로 일어나는 길에 어머니의 가난은 슬픔의 물살로 살아나는 갈증--가난과 갈증의 아픔이 누선淚腺을 자극하면서 현재의 모습과 겹쳐진다. 호박-- 시인이 살고 있는 거실에 옮겨다 놓으면서 추억이 살아났고, 그로

부터 어머니의 모습과 가난했을지라도 아늑한 농촌의 모습이 그림처럼 다가든다. 이런 풍경은 시인의 마음에 매달린 사랑의 감수성이면서 왜, 식물정서가 지배적인 양量으로 시적인 허기를 채우는가를 증명하는 예로써의 호박이 된다.

인도에서는 연꽃이 우주를 상징한다. 또한 들판의 가을걷이는 인간의 노력이 얻는 풍요로운 의미를 가질 수 있고, 동물이 동적인 변화와 현란함을 부추긴다면, 식물은 고요하고 수평적인 암시를 구유한다. 또한 인간의 행로에 동반자 혹은 더불어 동행하는 길에 항상 풀들의 이름은 그 존재를 말하려 한다.

> 무심코 걷는 길에
> 태고적 전설이 있어
>
> 산길도 꽃으로 돋아
> 여태 고왔는가
>
> 뉘 있어 그리운 길을
> 같이 걷고 싶었다

-「산길에서」

시의 구조는 길-꽃 -그리움으로 진행하는 짧은 단형의 시이다. 길을 목적으로 걷는 좌표가 있지만 시인은 '무심코 걷는 길에'서 전설을 만나는 여행을 시작한다.

꽃은 지상의 아름다움을 상징한다. 물론 미지칭으로의 꽃이기 때문에 그 꽃은 시인의 마음을 대변하는 상징을 갖고 있으면서 '고왔는가'의 새삼스런 발견에서 꽃이 역시 그리움이라는 먼 대상으로 향하는 마음이 진솔하게 표백된다.

김이숙의 식물은 모두가 화려하거나 향기香氣로 가득한 것은 아니다. 고달픈 인생의 비유로 나타나기도 하고 사랑을 말하는 메신저의 기능을 수행하기도 한다.

마지막 잎사귀 하나
욕심 없이 내어준
노을진 들녘에
찬비마저 내리고

아픈 세월의 잔등을 쓰다듬다
한기를 견디며
삶의 골짜기에
철새처럼 머물고

까마득히 먼 산등성으로
차마 닿을 수 없는
달빛 시린
헛된 꿈도 가고
내 삶의 이랑에 고인
욕망도 쓸고 간다

-「겨울 뜰」에서

다소 관념적인 시이지만 겨울 독목禿木의 한기寒氣 젖은 모습을 바라본다. 겨울 나무는 비극적인 무의식을 나타낸다. 그러나 독목이 있음으로써 봄을 예비하는 안온함이 자리할 수 있게 된다. 이런 순환의 법칙은 곧 우주의 운행運行원리와 상통하고 이는 인간이 살아가는 궤도와 다름이 없을 때, 비유가 생동으로 일어난다. 마지막 잎새에 바람이 스치면 엄혹嚴酷한 시련의 줄기가 칭칭 얽히는 일상을 넘어 「겨울 뜰」은 봄을 기다리는 먼 희망이 자리한다.

여인의 마음은 부드럽다. 식물정서는 특히 여심女心을 나타내는 향기와 유연함을 나타내는 이미지로 작용함이 김이숙의 시에 특성으로 자리한다.

어머니 손때 묻은 항아리
그 안에 수련이 있다.

고단한 삶을 묻고
청초한 빛 쓸어 낸 그 안에
수려한 어머니의
자태가 있다.

물그림자 뜬 자리

물 배추 펴 놓고
가을 햇살이 와서
사랑으로 아픈데

창문사이로 넘나드는 바람,
어머니 분냄새 처럼
함초롬 향기 돋는다.

-「수련」

어머니와 수련의 향기가 동가同價를 이루면서 작고 아담한 또는 사랑의 향기로 돋아오르는 연상이 그림으로 걸린다. 바람과 어머니의 내음과 가을햇살 그리고 향기가 함초롬이 돋아나는 이미지의 결합엔 시심이 누리는 연상작용이 복합적이다. 이는 조용한 어머니를 그리기 위해선 수련의 향기와 자태에서 사랑의 이름은 더욱 애달픈 상像을 남기는 것--김시인의 시는 이렇게 식물에서 느끼는 자태 --모습에서 아름다움과 향으로 오르는 천상으로의 이미지는 고귀함을 자극하는 기교가 된다.

2)부모

아버지는 하늘을 받들고 어머니는 땅을 지탱함으로써 자식의 존재는 안정감을 가질 수 있다. 이 둘은 우주의 원리에 접근하기 때문에 창조의 다른 개념을 생성할 수 있을 것이다. 어떤 시인이나 고향의 정서 그리고 부모에 대한 염念이 지극할 뿐만 아니라 의지 혹은 귀의하려는 생각으로 정한 엄숙한 곳의 개념에서는 모두 동일하다. 그러나 고향의식은 때로 오디프스 컴플렉스처럼 외면하고 싶은 경우도 있지만, 대체로 자기를 찾아가는 원형의 길로 생각하는 경우가 태반일 것이다. 왜냐하면 부모는 자기의 본질을 구축해준 의미이기 때문이다. 김시인에게 부모는 대체로 가난과 고난의 시절과 묶여있는 생각을 갖고 있어 가슴이 절절함을 느끼게 한다.

> 친정어머니 뵈러
> 산에 왔다
>
> 손끝 분주하게
> 솔잎 따다
> 송편 만들어 놓고
> 대문 밖에 서성이며
> 자식 기다리던
> 어머니
>
> 문틈으로 스며드는
> 시린 바람 막아주시던
> 어머니

- 「벌초」에서

이미 돌아가신 어머니의 추억은 아픔이다. 그리고 슬픈 자국이 가슴을 헤집는 일들이 연결되어 오늘을 애잔하게 만든다. '서성이며' 기다리는 어머니의 모습은 자식에 대한 사랑의 근원이기 때문이다. 더구나 추위를 막아주시던 어머니는 막상 추위에 노출된 자신의 몸이었음을 돌아 생각하는 시인의 마음이 이제사 철이 들어 아픔을 대신 느낀다. 다시 말해서 감정이입 된 정서가 무게를 이기지 못해 처절함으로 회상하는 어머니에 대한 슬픈 기색을 펼치는 모습이 아프다.

가랑잎에 하얀 서리 내리면
깊은 골짜기 사이로
불어오는 바람,
그 바람 시름을 보듬어
소쩍새처럼
소쩍새처럼
못내 서러워 운다

-「아버지」에서

필시 아버지는 가난의 굴레를 짊어지고 형극荊棘의 나날에서 끌려가는 형상-- 가족을 책임진 신음을 생각하는 딸의 모습이기도하다. 이는 '소쩍새처럼' 의 반복이 주는 뉘앙스가 고난의 의성음으로 연상되기 때문이다. 더구나 '서러워 운다' 의 내포內包는 풀어낼 길 없는 고통과 참혹성을 나타내는 비유일 것이다.

과거는 항상 무겁다. 그리고 그 과거는 무게와는 달리

친근하고 애착이 가는 분위기를 갖는 경향이 다분하다. 왜냐하면 나의 소중한 추억이기에 비록 가난이나 아픔조차도 다시 만나고 싶은 기분이 발동되는 점에서 시름이나 서러움일지라도 동화되기를 염원하는 뜻이 있게 된다. 아울러 부재한 부모에 대한 회상은 더욱 무게가 가중되는 것도 사실이다. 김시인은 이런 정서를 시화詩化하는 점에서 다감한 성정性情으로 생각된다.

나를 찾으면 이미 나는 내가 아니고 더 큰 나로 변해 있다. 나는 우주의 중심이고 우주는 나를 위해 운행한다는 생각으로 바꾸면 나를 찾는 일은 곧 우주의 원리를 찾는 일과 같을 것 같다. 나를 아는 일이야말로 철학의 시작이고, 종점이기에 부단한 시련을 감내하면서도 나의 의미는 삶의 가치로 이해된다.

맨 몸으로
거울 앞에 섰다
부끄러움에
몸을 감추었다

되비친 것이
사랑이면
사랑으로 열매를 맺고,

...........약............

나는 무엇으로

거울 앞에
풍경을 피울 것인가

마지막 아름다운 고백이
되비치기를 기도하며
거울을 닦는다

-「거울」에서

나르시스의 이름은 자기애에 대한 탐닉耽溺을 의미한다. 거울은 자기를 반사하는 모습이지만 정작 그것이 자기라는 확신을 갖는 것은 아니다. 다만 반대편에 영상으로 나타난 자기의 분신일 뿐이다. 그 분신 속에는 보이는 마음이 없기에 오로지 형태만으로는 완전한 자기의 의미는 아닐 것이기 때문이다. 그러나 자기와 반대편에 서있는 거울 속에 자기를 부정할 수는 없다. 왜냐하면 형태조차 부정하는 곳에 의미는 찾을 단서를 확보할 수 없는 일이기 때문이다. '부끄러움' 이나 되비친 거울 속에 자기를 애착하는 관심의 농도가 강强할수록 아름다운 풍경으로 되비칠 것을 염원하는 시인의 생각이 일상을 벗어나는 일은 아닐 것이다.

3)사랑의 진원

사랑의 종점은 배우자를 만나면 자연스레 도착한다. 그러나 그 길에 이르기 위해서는 방황과 설램이 교차하는 수많은 길을 답파해야 한다. 그렇더라도 사랑의 안온함을 누리기엔 지불해야할 일들이 너무 많다. 고개를 넘으면 또 다시 고개가 나타나는 사랑의 행로는 오로지 현재라는 지점에서 스스로가 선택하고 누리는 마음의 평화일 것이기 때문이다. 김이숙은 오로지 사랑을 위한 의미가 시에 모든 것을 투척하는 표정이라는 점-- 아마도 남편을 향한 노래로 국한하는 것 같다.

어떤 것이라도
태워 버릴 것 같은
사랑을
만나고 싶습니다

두 눈이
먼다 해도
사랑의 빛으로
길을 밝혀 주는
그런 사랑을
만나고 싶습니다

허전한 날
어떤 것이라도
태워 버릴 것 같은
뜨거운 사랑을
만나고 싶습니다

-「그 어떤 것이라도」

시의 구조는 사랑이라는 목적을 위해 몇 개의 단계를 지나면서 공고한 뜻을 깃발로 세우고 있다. 즉, 태움-길-뜨거운 사랑의 단계마다 시인의 의지는 그 어떤 것이라도 변화할 수 있는 정서의 전개--그만큼 초점을 맞추었다. 1연에서는 불태울 것 같은 사랑을 만나고 싶은 바램, 2연에서는 설사 장님이 된다해도 길을 밝혀 주는 그런 사랑의 진수를 만나고 싶은 생각을, 3연엔 역시 불태워 버릴 것 같은 사랑의 진수에 이르고 싶은 마음-- 수미쌍관의 연상법을 사용하고 있다. 이는 참된 사랑의 실현을 위한 시인의 뜻--비유가 다소 부적절하지만 '평생 다시 찾지 못 할/ 단 한 번의 사랑/단 하나 뿐인 사랑/창녀처럼/사랑하고 싶다' 「단 하나뿐인 사랑」의 희망이 강열하다. 한번의 사랑에 목숨을 걸고 그 뜻을 이루고 싶은 사랑의 황홀경을 찾아나서는 김이숙의 사랑은 끝이 없다. 왜냐하면 ' 당신은/내 삶의 희망이며/어둠이 있어 빛을 발하는/촛불입니다' 「새 삶에서 당신은」와 같이 빛과 촛불으로 영생을 기원하는 정서라는 점이 특이하다. 그렇다면 사랑은 어떤 길을 찾아 어떤 모습으로 오는가를 추적한다.

이 세상에서 누구보다
나를 가장 잘 아는
한 사람이 있습니다

-「한 사람」에서

사랑은 오로지 한 사람만을 위해 길을 만드는 일이다. 이를 일편단심一片丹心이라는 뜻으로 정리 할 수도 있지만, 김이숙의 한 사람은 남편으로 집약된다. 이는 죽을 때 까지 사랑할 이름으로 행복과 꿈을 선사하고 지켜주는 사람으로 다가오기 때문이다. '사랑은/ 가슴이 터질 듯한/설레임으로부터/옵니다'「오로지 사랑이란 이름으로」처럼 바라보면 설레임의 길을 따라 왔다. 51세의 삶에 장단을 맞추는 사람이면서 오로지 '얼굴 하나' 로 남는 사랑이기 때문이다.

저녁 노을에 기대어
있노라면
살포시 다가오는
얼굴 하나

차마 보고 싶다
말 할 수 없어
수줍은 마음
하늘 가득
붉게 물들고

다정한
마음이 먼저
마중을 나간다

-「그리움」

김이숙의 사랑은 빛나는 것을 지향한다. 빛이거나 촛불로 집약되어 시적 행로를 시작하기 때문이다. 촛불에서는 태움으로 빛을 찾아 나서고, 사랑은 오로지 행동으로 찾는데서 가장 현실적인 의미를 완성한다. 또한 김이숙의 사랑법은 동적이기보다 정적인 '미소' 와 '달빛' '살포시 다가오는' '황혼' 등의 수사에서 시의 무드로써 대부분을 구성할 뿐만 아니라-- 조용한 공간에서 만나는 정서가 대부분이다. 그러나 안으로 타오르는 열정은 매우 강렬한 특징이 있다. '그대여/끝없이 부르고 싶은/나의 사랑이여/체온에 취해/깨어나지 않아도 좋을/나의 남자여' 「나의 남자에게」는 남자가 시인의 남편임을 확신시켜준다. 순수와 담백한 뜻을 가질 때 사랑은 고귀한 가치의 개념으로 정리된다면 김이숙의 사랑은 안온한 가정을 위해 헌신하는 조용한 시인--그런 시심을 안으로 감추고 부끄럽게 표출하는 시인으로 보인다.

4) 절 혹은 강

절이나 강은 조용하다. 우람한 파도를 일렁이는 바다와 달리 강은 곤곤滾滾하게 흐를지라도 두렵지 않고 맑음을 유지하는 길을 간다. 깊은 산에 위치한 산사山寺)를 바라보면 꿈꾸는 상상이 일렁이고, 사색의 깊은 물에 빠지게 된다. 산은 움직이지 않기 때문에 조용하고 강은 흐르기 때문에 목적지에 도달 할 수 있는 여유가 있다. 이 같은 이미지에는 시인의 정서를 이동하는 촉매의 역할이 담겨있고 시적 의도를 완성하는 행동이 내장된다.

바람아 불어라
꿈의 자리로부터 불어오라
소녀적 꿈을 찾아
중년이 넘은 지금
만경강 어귀로 돌아 왔는데

같이 놀던 옛 친구
보이지 않고
물안개 시름에 겨워
강둑길을 서성대고 있네

-「만경강」에서

아마도 만경강의 추억은 어린 시절에 추억이 깊은 침전을 이루면서 흐른다. 그 강에서 추억을 함께했던 친구들은 모두 어딘가로 가버린 쓸쓸함이 스며있어도, 강물은 여전히 흐름을 이어가는데 '중년이 넘어' 돌아온 허망이 자리하고 있다. 세월은 변함을 남겨놓고 꿈의 자리만 비어 있을 때, 삶의 깊이를 감내하는 시인의 마음에는 정감이 흐른다. 이렇게 강은 시심을 이동하는 추억으로 안내하고 있지만, 결코 요란스럽거나 또 화려한 것도 아닌 조용한 흐름에서 인생의 허무가 자리하는 인상을 준다. 「만경강 유감」에서도 세월이 진행하는 속도에 따라 사랑도 가는 아쉬움이 강물에 시인의 정감이 흐르고 있다.

대웅전 뜨락에
가을이 가득한데
번뇌로
솟구친 풍경소리
산 적적 고요한데

저만큼
마루에 앉아
스님은 가을을 본다

-「숭림사」에서

「금산사」나 「숭림사」엔 가을의 정취가 스며있고 그 풍경 속에 스님의 모습이 풍경화로 담겨있다. 삶의 번뇌와 고달픔 그리고 자연의 풍광에 따라 짧은 시간에서 변하는 경치는 김이숙의 시적 의도가 허무로 담겨 있다. '스님' 이 마루에 앉아 먼 하늘을 바라보는 허무는 고단하고 서글픈 사연이 숨겨 있을 것 같은 그러면서도 슬픔이 아닌 담담한 인생에의 파노라마가 관심을 증폭한다. 가을의 바람이 적적한 산의 풍경에 실려 먼 미지未知를 향하는 정경은 언어로 그린 풍경화가 되어 창공의 먼 곳으로 날아가는 연상이 이미지의 정서적 복합체로 뉘앙

스를 전달하기에 충분하다.

3. 에필로그

김이숙의 시는 담담하고 서늘한 가을 바람을 맞이하는 인상이다. 이는 시인의 감수성에서 나오는 시심詩心이 조용하고 아늑함에서 그렇다. 이는 식물정서에서 오는 정감이 부드럽고 정적靜的인 인상을 남기는 점에서 푸르다. 부모와 자기를 사랑하는 마음에는 따뜻한 정이 안으로 흐르면서 포근하게 다가온다. 이는 여심女心에서 보이는 감성感性이 유동하면서 객관 현실을 보여주는 효과--이런 즐거움은 언어의 효과적인 비유와 장치를 만나는 반가움이다.

김이숙의 시는 사랑의 노래로 집약된다. 물론 사랑의 요체는 한 사람을 향하는 절절함이 산뜻하고 깨끗한 이미지를 구축하면서-- 시의 행로는 오로지 한사람을 위해 정성을 다 바치는 인상이 전부가 된다.*

인지
생략

들꽃시선 101

미륵산

2008년 10월 15일 초판인쇄
2008년 10월 20일 초판펴냄

지은이/김이숙

펴낸이/문창길

펴낸곳/도서출판 들꽃
주 소/100-273 서울 중구 필동3가 21-8 서울캐피탈빌딩 B202호
전 화/02)2267-6833, 2273-1506
팩 스/02)2268-7067
출판등록/제5-313호
E-mail:dlkot108@hanmail.net

값 7,000원
* 파본된 책은 바꾸어 드립니다.

ISBN 978-89-6143-121-7 04810
ISBN 978-89-951327-0-8(세트)